बहकी-सी जुस्तजू

कविता संग्रह

रचना व्यास

Copyright © Rachana Vyas
All Rights Reserved.

This book has been published with all efforts taken to make the material error-free after the consent of the author. However, the author and the publisher do not assume and hereby disclaim any liability to any party for any loss, damage, or disruption caused by errors or omissions, whether such errors or omissions result from negligence, accident, or any other cause.

While every effort has been made to avoid any mistake or omission, this publication is being sold on the condition and understanding that neither the author nor the publishers or printers would be liable in any manner to any person by reason of any mistake or omission in this publication or for any action taken or omitted to be taken or advice rendered or accepted on the basis of this work. For any defect in printing or binding the publishers will be liable only to replace the defective copy by another copy of this work then available.

आँखों से दिखने वाले इस स्थूल जगत के अलावा एक ऐसा जहाँ है जिसे केवल सूक्ष्म आँखों से देखा जा सकता है. उस जहाँ में एक प्रियतम बसता है जो मोरमुकुट-बंसी धारण किये दिव्य लगता है. वो सबसे कहता है कि सभी धर्मो को त्यागकर मेरे पास आ जाओ. मैं तुम्हें मुक्त कर दूंगा. ज्यादातर लोग उसकी पुकार सुन ही नहीं पाते. लेकिन होते हैं कुछ दीवानें जिन्हें 'उसकी' लगन लग जाती है. बस फिर वे आत्मा में रमण करने लगते हैं; दुःख में सुखी होते हैं; वियोग में नाचते है. बस कुछ ऐसा ही घट गया...

क्रम-सूची

क्रम-सूची

क्रम-सूची

प्रस्तावना

अल्फाजों की दुनिया में कविता ऐसी विधा है जिसमें हृदय के भाव को एक ही बार में सम्पूर्ण रूप से कागज़ पर उकेर दिया जाता है. मेरे शब्दों में अक्सर लोग मेरे व्यक्तिगत जीवन को तलाशते हैं जो मुझे नागवार लगता है. अक्सर कविता लिखते समय हम बाहरी दुनिया से इतने दूर चले जाते हैं कि हमें सिर्फ अंतर्मन ही मिलता है रचने के लिए! शीर्षक कविता भी कुछ ऐसा आभास देगी जो मेरे लिए सवालों की झड़ी लगाने वाली है लेकिन लेखन निर्बंध होता है और रचना तो सृष्टि की अनवरत प्रक्रिया है जो मुझे सजीव रखती है. पिछले चार वर्षों से जीवन के अनुभवों को इस तरह संकलित किया है.

भूमिका

हर लेखक के जीवन में ऐसा वक्त आता है जब घंटों कलम उठाने के बाद कागज सफेद रहता है. कभी शब्दों का ऐसा ज्वार आता है कि कागज़ कम पड़ते हैं. ये लिखने का आनंद वही महसूस कर सकता है जो पूरी तरह से डूबा हो. बस फिर वो तर जाता है और इन सांसारिक आकर्षणों से दूर अपने एकांत को सर्वोपरि मानता है. ये संग्रह मेरे एकांत को समर्पित है.

1

सृष्टि की मृगतृष्णा

मैं वो गगरी जो भरी गई है प्रवंचना से लबालब,

पर देख तुझे होता है छलकने का इरादा प्रबल,

कर दो तुम कुछ इस तरह मुझे रिक्त व निर्जन,

अंतस की तहों में दर्द की कोई रहे न खुरचन,

तुम बरसाओ प्रेम वर्षा के इतने काले बादल,

इस सावन बह जाये हिय के सारे रंजिशों-गम,

दर्द-दिल मेरा उड़ जाये इन जर्द पत्तों की तरह,

बन जाओ मेरे लिए; वेगवान वायु तुम प्रबल,

मैं अजस्र देखती तुम्हें इस ब्रम्हांड में विस्तृत,

कभी लगते हो निश्चल, अचल, विराट एकदम,

कभी आते हो मृणाल बाहुपाश में मेरे सिमट,

कि लगे, आंचल में छिपा लूँ तुम्हें आजीवन,

फिर विस्तृत करने लगते हो स्व गात्र इतना,

साहचर्य हेतु मैं बढ़ाती हूँ फिर आकार अपना,

प्रियतम! तुम हो सचमुच बेशकीमती कस्तूरी,

मृग सदृश जिसका पीछा मैं जन्मों से करती,

अक्सर हँसकर कितना जताते रहते हो तुम,

मुझे स्वीकर चुके अपना इक हिस्सा अटूट,

हिस्सों में पाकर तुम्हें; नहीं मिलता सुकूं,

तुम्हें संपूर्ण पा लेने का छाया रहता जुनूं,
इक झलक से कैसे भर सकता है ये मन,
छुअन से और व्याकुल हो उठता ये तन,
सदियों तक तुम्हें रखूं बाहुपाश में बांधे,
शायद भीतर के मरुस्थल के भाग जागे,
तपती धरा को मिल जाये अटल शांति,
पुजारिन बन उतारूँ मैं ये दिव्य आरती,
देखा मैंने कई जन्मों तक मुड़कर पीछे,
भरमाते रहे हो तब भी तुम मुझे ऐसे,
अब न मानूंगी तुम्हारा कोई भी बहाना,
तुम विराट को मुझको है सूक्ष्म बनाना,
बसा लूंगी आँखों में मेरी बनाकर अंजन,
मूंद लूंगी फिर कुछ यूँ भींचकर ये नयन,
फिर कैसे कोई पायेगा तुम्हारा परिचय,
युगों तक रहोगे बनकर मेरे चिर बंधक,
बंधी हूँ तुमसे इसलिए बांधने की कामना,
अब यूँ मुझे मुक्ति के पीछे नहीं भागना,
मृगतृष्णा को मिलने दो जरा तो विराम,
थमकर, मेरे अनुनय को कर लो स्वीकार,
मुझ सृष्टि में ब्रम्हांड तुम्हें मिल जायेगा,
अंतहीन सफ़र तुम्हारा पूर्ण हो जायेगा,
अंतहीन सफ़र तुम्हारा पूर्ण हो जायेगा...

2

कस्तूरी महक

नहीं करूंगी मैं सम्मुख प्रणय-निवेदन,
बस भाव समझ लेना तुम प्रियतम,
बहती धार के हैं वो दो किनारे हम,
मिलन जिनका युगों तक न संभव,
क्योंकि आकाश-धरती बने हैं हम,
क्षितिज पर जिनके मिलन का भ्रम,
पर हर बार सच नहीं होता ये भ्रम,
जब तक सम्मुख आ न जाये प्रलय,
प्रलय तक क्यों यूँ प्रतीक्षा करें हम,
श्रेष्ठ होगा भावों से करे आलिंगन,
मौन ही मेरा समझ लेते ग़र तुम,
शब्दों में कहाँ निहित होता बल,
मुझे भाता है डूब जाना नि:शब्द,
कलकल मैं बहती रहती अविरल,
खनक गूँजती इक मेरी सब तरफ,
जोग संन्यासी का कर देती भंग,
रूप मेरा ऐसा अनादि व निर्मल,
देख मुझे हो जाता सृष्टि का भ्रम,
प्रेम मेरा है अति प्राचीन पुरातन,

संजो रख लिया तुम्हारे लिए बस,
फिर भी न करूंगी प्रणय निवेदन,
स्वीकारना होगा ये मौन आमंत्रण,
देह मेरी है पंचतत्व निर्मित नश्वर,
पाओगे तुम यहाँ विकार अनगिनत,
मेरे भाव समुद्र में जो जाओगे डूब,
शाश्वत स्नेह तुम पाओगे भरपूर,
एक इशारे-भर पर ये वायु प्रबल,
उड़ा ले जायेगी अस्तित्व विलग,
तलाशोगे जब फिर स्व अस्तित्व,
सबकुछ मिल जायेगा हो विस्तृत,
मेरे अंतस रहते दिव्य सप्तकँवल,
थाह न पाओगे औचक, एकदम,
कोई बात न करेगी राग विरक्त,
क्योंकि बिखरे हैं वहाँ तेरे ही रंग,
ठहरना होगा वहाँ बनकर जीवन,
सांस जीवन को कर देती विलग,
आकर घुल जाओ फिर साँसों में,
बन जाओ अद्भुत कस्तूरी महक,
करती रहूंगी मैं नित आस्वादन,
चैतन्य हो जाये मेरे सब कँवल,
फिर भी न करूंगी प्रणय निवेदन,
बस भाव समझ लेना तुम प्रियतम...

3

हस्ती

इस कदर उसकी मानिंद होने का जी चाहता है,
उसमें फना हो जाने का खयाल सर उठाता है,
वो बनके मदमस्त नशा फिजाओं में बहता है,
मुकम्मल होकर मेरे आलिंगन को ललचाता है,
कई बहानों से उसे पास आने से रोका मगर,
उसकी आशनाई में बहकने को जी चाहता है,
काश निकल जाऊं इक सफर पर कहीं दूर,
साये से भी दामन छुड़ाने का इल्म भाता है,
क्या होगा वो सफर खुशनुमा उसके बिना,
बस इसी दौर को आजमाने का जी चाहता है,
कहते हैं जी लेते हैं हम किसी के भी बिना,
फिर क्यों यूं बेहताशा रोने को जी चाहता है,
शिकवा-ए-दौर का वो आलम बदलने के बाद,
तितलियों-सी रंगी होने का ख्याल भरमाता है,
लाख रोका मैंने आती अनसुनी-सी सदाओं को,
पर वो क्यों मुझे पुकारने से बाज नहीं आता है,
दफ़न कर दिये मैंने बेतुके अरमां किसी कोने में,
फिर क्यों गूँज से तन्हा आलम सहम जाता है,
पोशीदा आँखों को कसकर भींचने के बाद भी,

क्यों वो धुँधला-सा अक्स मुझे ही दहलाता है,
ये दौर हैं पलायन का या जमाने से नाराजगी,
पहेली ये सुलझाने में वक्त जाया हो जाता है,
काश इक बार मुझे कैद से रिहाई मिल जाये,
खुले मैदान में कुलाँचे भरने का जी चाहता है,
कुछ अनदेखे नकाब लिपटे है मेरे इर्द-गिर्द,
उन्हें उतार आईना देखना यूं बेहद भाता है,
सावन की झड़ी में भीगकर आँसू छिपाना,
अब दिल मेरा यूं महफ़िल से कतराता है,
उसका ख्याल भींच लेती हूँ इस तरह कभी,
वो उदास चेहरा शिकायतों के पुल बनाता है,
कैसे लोग ताउम्र रह लेते हैं अनजानों के साथ,
मुझे तो जाने-पहचाने से दामन छुड़ाना भाता है,
उसका कातिलाना अंदाज इतना नफीस है कि
हर बार उसके हाथों जां गवाने का जी चाहता है,
रूह की आशनाई को जिस्म से जोड़ने वाले को,
कभी न रूबरू देखने का गुमां मन में आता है,
जिसे बेखुदी में दर्जा-ए-खुदा मैंने क्यों दे दिया,
उसकी नापाक हसरत पर दिल हँसता जाता है,
दिले-खुशफहम कितना मासूम था इक दौर में,
परियों के किस्से भी झुठलाना नहीं आता है,
उसकी रहनुमाई में ख़ुद को डुबो दूँ इस कदर,
मेरा आईना भी मुझसे भागता नजर आता है,
हस्ती निखर आती; दूर होकर कुछ इस कदर,
यही आजमाइश हर जन्म में जीने का इरादा है,
दबा रखें हैं मैंने काफिरों के नाम इन होठों में,
माशूक मिलने पर सबको माफ़ करने का वादा है,
दौर-ए-दुश्मनी भी खत्म तो होगी ही किसी दिन,
तब तक हर आलम में ख़ामोश रहना भाता है,
अब इस दर्द के साथ जीना रास आने लगा है,

अब तो काफ़िर भी मेरी तारीफ़ पर आमादा है,
बेशक वो रश्के-कमर चाँद से ज्यादा खूबसूरत है,
पर हमारा भी उसे पा लेने का खुद से वादा है,
छोड़ दे ए यार मुझे इसी बेख़ुदी की हालत में,
मुझे जीते-जी अपनी हस्ती मिटाना आता है...

4

पाँव का छाला

काश मिला होता तू तपती धूप में तो सफर आसां हो जाता,
तेरा नाम ही मेरे छलनी जिगर का अजीज सहारा हो जाता,
मरुस्थल का एक दरिया पार कर इस मुकाम पर पहुंचा हूँ,
इस राह में कुछ और नहीं तो मेरे पाँव का छाला हो जाता,
तुझे देखकर बार-बार अपनेपन का अहसास होता यूं पुख्ता,
हमनवा न सही तू मेरे लिए तिनके का ही सहारा हो जाता,
मेरे क्लांत पैरों की तपिश को तू लगता मरहम की मानिंद,
ख्याले-यार से दिले-साज पर दर्द का नगमा गवारा हो जाता,
गर आकर तू थाम लेता हाथ मेरा हक़ से कुछ इस तरह,
मैं ठुकरा दुनिया को तेरे पीछे आशिक आवारा हो जाता,
ले चलता गर तू मुझे आसमां की सैर पर अपने साथ,
टिमटिमाते हुए इन सितारों में तेरा-मेरा बसेरा हो जाता,
काश करता न रकीब यूं बेदर्दी से मेरे इश्क से किनारा,
ये दिल उसकी दहलीज पर सज्दे कर दीवाना हो जाता,
सपने में भी तेरा तसव्वुर देता सुकूं इस कदर मुझको,
मैं तो बस मैं हूँ! काफ़िर भी तेरा आशनारा हो जाता...

5

दीवानों सी हालत कर लूँ

हाँ मैं लिखती हूँ, जब बाहर कोई नहीं रहता,

हाँ मैं लिखती हूँ, जब भीतर वो आकर बसता,

यूं विलग नहीं वो, मेरे अस्तित्व का हिस्सा है,

कितनी शिद्दत से पुकारे, यही सारा किस्सा है,

हाँ मैं हंसती हूँ जब पहुँचती सितारों के जहाँ में,

हाँ मैं तरसती हूँ जब विलग होता वो नजारों में,

उस छलिये ने राधा-मीरा को ऐसे ही भरमाया है,

समझी मैं, ये विचित्र प्रेम की अनूठी ही माया है,

है अलहदा उसका हृदय पटल पर अठखेली करना,

अद्वैत भाव से मन को मेरे यूं आंदोलित करना,

चेतन हो उठ रही हूँ जकड़न भरे रिश्तों से ऊपर,

हृदय से कर रही हूँ उस निराकार का आलिंगन,

चैतन्य रहने का इतना खूबसूरत ईनाम पाया है,

वो छलिया खुद मुझे बाहुपाश में बांधने आया है,

न जानूं वो मेरी कलम का विस्तार है या विराम,

वो मेरे रूहानी इश्क का सरताज है या बस आधार,

भूलकर ये प्रश्न क्या उसे सर्वस्व समर्पण कर दूं,

अपनी चेतना से प्रेम उसका नस-नस में भर लूं,
ठुकराकर दुनिया को, आत्मा में ही रमण कर लूं,
कुछ घट गया दिव्य-सा, दीवानों सी हालत कर लूं,
ऐसी दीवानों सी हालत कर लूं...

6

मुझे विदा दे दो

कभी-कभी कलम यूँ मुझसे ख़फ़ा हो जाती है,
लाख उठाओ पर दो हर्फ़ भी लिख न पाती है,
लगता है सब ऐसे नामुनासिब और बेसबब-सा,
अंगुलियाँ स्याही सनी होने को तरस जाती हैं...
फिर कभी आलम यूं अंगड़ाई भी ले लेता है,
शब्दजाल बुनते हुए मानस यूं परेशां होता है,
उलझन इतनी कि मुश्किल लगता गुजारा,
शैदाई रात का प्याला करवटों भरा होता है...
चादर की सलवटें बेचैनी की गवाही देती है,
शब्दों में गोते लगाती आँखें उनींदी होती है,
करवटों के सिलसिले से छिन जाता है सुकूं,
लिखे बगैर मुश्किल दिल का गुजारा होता है...
जर्मीं पे कोरे कागज़ बेतरतीब फैले रहते हैं,
जब आलम बदले लफ्जों से दरफ्शां होते है,
क्या कहें कुछ मिल जाता है नेमत जैसा,
अनूठा अहसास शब्दों में बयाँ न होता है...
इक जोगी का जोग जैसे पूरा सध जाता है,
सच्चे आशिक को माशूक यूं मिल जाता है,
बेसुखन का स्वाद कभी हो पाता न बयाँ,

ऐसा गुमां कलम चलाते हुए मुझे आता है...
मेरे हिस्से के सुख संसारी, दान में दे दो,
पर ख़ुद में डूबने की इक इजाजत दे दो,
छीन लो महफिल, छोड़ दो मुझे एकांत में,
कुछ न मांगूं ,बस एक यही नेमत दे दो...
मुझे ख़ुदी का असली स्वाद तो लेने दो,
कागज़-कलम की भेंट सिरहाने रख दो,
यही मेरे की जीवन इबादत और साधना,
रमकर भीतर; कागज़ नीले रंगने दो...
कुछ पहेलियों को अनसुलझी रहने दो,
सृजन की खुमारी में डूबी-सी रहने दो,
अब कुछ भी माँगना हो गया है बेमानी,
कागज़-कलम की भेंट सहित मुझे विदा दे दो.

7

दिव्य विजय

काश, ये जीवन कुछ ऐसा उन्मादी हो जाये
काश, इक दिव्य विजय की तैयारी हो जाये
ना जीतना है इस जग के महल-खजाने को
प्रस्तुत होना है, सोई चेतना को जगाने को
राह विरल पर कुछ यूँ सफल मैं हो जाऊं
आगामी पथिकों के लिए प्रेरणा बन जाऊं
ध्रुव तारे ने भटकों को मार्ग दिखाया है
दिव्य पथ को औचक पकड़ न पाया है
खो जाते हैं कई पथिक विस्मृत होकर
थक जाते हैं आधी मंजिल ही तयकर
मैं बनूं नियंता उन राही थके-हारों की
स्व-प्रकाशित हो प्रदर्शक बनूं दीवानों की
नाम, जप, हठयोग कोई आलंबन ले लो
पर दिव्य यात्रा को मध्य में मत रोको
राह दिखा मैं खुद दिव्यात्मा को पा जाऊं
कुछ यूं दिव्य विजय की भागी हो जाऊं...

8

आत्मा की प्यास

आज तन-मन पर एक लगन तारी है

उस मधुर तान में खोने की तैयारी है

वो बैठा निश्छल, मुझको पास बुलाता है

हमारे जन्मों के प्रेम की दुहाई देता जाता है

मैं प्रस्तुत हूँ आँखे बंद किये वहाँ जाने को

पर डरती हूँ, क्या जवाब दूंगी जमाने को

वो प्रताड़ित करते रहे मीरा सदृश संत को

फिर कैसे छोड़ देंगे मुझ सदृश कोमलांगी को

"प्रेम का बल सब मुश्किलों से लोहा लेता है"

उसका आत्मबल मुझे यूँ उकसाता है

सत्य ही वही तो इस सृष्टि का एकमात्र दाता है

कब तक छिपूंगी, मुझे बढ़ाने होंगे कदम

फिर वो उठेगा और थाम लेगा मुझे एकदम

काश मैं समझा पाती ये देहातीत अहसास है

स्पंदित होता तन, पर ये आत्मा की प्यास है...

९

चाँद कासिद पुराना

संदली हवा का झोंका इक पैगाम लाया,

खुशनुमा-से खयालों की ये सौगात लाया,

खोला जब फूलों वाला लिफाफा मैंने तो,

हैरत-भरी आँखों को रुख यूं घूरते पाया,

अचकचाकर जब चिलमन नीची कर ली,

इक हँसी की खनक से दिल रोशन पाया,

उन आँखों में हैरत के साथ था नशा घुला,

मैंने पहली बार ख़ुद को मयखाने में पाया,

कई तदबीरों के बाद भी नशा गहरा पाया,

दो जोड़ी आँखों में यूं ब्रह्मांड नजर आया,

गुलाबी होठों की रंगत भी न भुला पाया,

ख़ुद को उसके पैगाम से बावस्ता पाया,

अनकहे शब्दों के जादू में मन बंध गया,

गर होते शब्द तो होश फ़ाख्ता-सा पाया,

खामोशी का नशा होता गहरा इस कदर,

लाख सोचने के बाद भी जवाब न दे पाया,

क्या संदली झोंके के हाथ भेजूँ मैं जवाब,

या आवारा बादल साबित होगा लाजवाब,

चाँद तो पुराना कासिद; थक गया होगा,

जो हुआ सबका, वो क्योंकर मेरा होगा,
जर्द पत्ते क्या हो पायेंगे इश्के-राज़दार,
खुद जी न पाये जो क्या होंगे खाकसार,
बारिश बहा न दे कहीं मेरे अरमानों को,
तूफां डुबो न दे नाचीज खाकसारों को,
कोई तो आकर निखार दे मेरी हस्ती को,
कोई बसा दे हम दीवानों की बस्ती को,
राज ये छोटा-सा किससे मैं जाकर कहूं,
इस जहाँ में किसे कासिद का किरदार दूं,
शह-मात के इस अलहदा खेल इश्क में,
क्यों न जाकर खुद को उस पर वार दूं,
बंजारे की मानिंद गली-गली डोलता हूँ,
एक-अदद से कासिद की तलाश में,
लगे कभी क्यों न खुद ही जाकर रूबरू,
उस नाजनीं को हाले-दिल तमाम कहूँ...

10

आवारा चाँद

जब भी उस सितमगर का जिक्र चलता है,
एक कहर मेरे जिस्मों-जां पर गुजरता है,
आज भी क्यों वो मृगतृष्णा की मानिंद,
मेरे अल्फाजों की दुनिया को छलता है,
कहने को वो हुआ बेगाना, फिर भी क्यों,
पूरी दुनिया से जुदा खासो-खास लगता है,
उसकी रूहानियत जिस्म में ढल न सकी,
इसी बात से वो मुझे आवारा चाँद लगता है,
बेवजह वो मेरे इंतजार में तारे गिनता है,
मुझे तो खुद में खो जाना पाकीज़ा लगता है,
कासिद से कहो उसे मेरे न आने की खबर दे,
उसका तराना अब मुझे नामाकूल लगता है,
मेरी शब की गुमनामियां ये रंग लाई कि
अब सहर का इस्तकबाल कमाल लगता है,
दिलजले अब करने लगे यूं जीना गवारा,
उसकी बेसब्री का चर्चा आम लगता है,
रुख से पर्दा हटा भी दें तो ऐतराज क्या,
अब उसका दीदार नामुनासिब लगता है...

11

सितारों का जहाँ

वो शोख अल्हड़पन का दौर पीछे छोड़ आई हूँ,
तापसी होने की राह में क्या कुछ भूल आई हूँ,
खो गया वो पहली बारिश में भीगने का जुनूं,
लगता है अब चलते हुए दूर निकल आई हूँ...
कहाँ गई वो फूलों के छू लेने की सिरहन,
अब काँटों से भी निर्लिप्त होने की फितरत,
किसी के रूठने पर दिल का होना नाखुश,
अब टूट भी जाये दिल तो बेखुदी है नेमत...
रंजिशों-गम से बेजार लोगों से तकल्लुफ़,
दिल रोये भले पर करता नहीं कभी उफ़,
पासबां के पास होने से नहीं कोई फ़र्क,
आ गया खुद से हर दर्द को करना ज़र्फ़...
बेसबब क्यों किसी को दिले-बर्बाद दिखा देना,
चाक-ए-जिगर को माकूल-सा चोला पहना देना,
बुझे दिल के इल्जामों के दौर उसके सिर मढ़ना
बेखुदी में नूर जागने से पहले शमा बुझा देना...
वो दुनिया भरम की थी या अब मैं जाग गई हूँ,
वो खुद से बतियाने का दौर; मैं कहाँ आ गई हूँ,
अब तो जेहन की तहों में ये तामीर हावी है कि

मैं चलते-चलते सितारों के जहाँ में आ गई हूँ...

12
स्पंदनों की भाषा

इल्म नहीं ग़र ग़म का मेरे,
तो हाल भी यूँ पूछा न करें,
नश्तर-से चुभते हैं तेरे प्रश्न,
तीर-से धंस जाते बेदर्द शब्द,
घाव पर लगाती फिर मलहम,
सूखकर आती जब वहाँ परत,
नाखून से देते तुम यूँ कुरेद,
उभर आता फिर से वो दर्द,
माँगती हूँ एकांत की नेमत,
क्या वहाँ भी नहीं तेरा वश,
खटखटाओ न यूँ मेरा द्वार,
नहीं आऊंगी कभी उस पार,
प्रिय मुझे ये एकाकी संसार,
वहाँ न शब्द बनते यूँ भार,
स्पंदनों की भाषा है साझी,
मांगे न मुझसे कोई सफाई,
विश्लेषण न करें प्रियजन,
उन्हें है विश्वास आँख मूंद,
शेष तो केवल इक छलना है,

उन्हें आँखों में आंसू भरना है,
झूठी हमदर्दी वो है दिखाते,
ख़ुद अपना ही कद घटाते,
मुझे न उनकी परवाह है,
विदा जीवन से करना हैं,
फिर से कर रही इल्तिजा,
हाल न पूछो मुझसे मेरा...

13

निखरी हुई जिंदगी

तेरी चाहत को चुनरी बनाकर ओढ़ लेती हूँ,
ख़त सारे पढ़कर तुझ ही को भेज देती हूँ,
करती हूँ आधी रात इंतजार तेरे आने का,
चांदनी को बना शर्बत गिलासें भर देती हूँ,
इक सितारा तू रोज़ ला बनाता मेरी बिंदी,
तेरे मिलने से कुछ और निखर गई जिंदगी,
अल-सुबह जब तू लेता विदा तो लगे ऐसा,
सारी रात कर रही थी मैं ख़ुदा की बंदगी,
तभी तो चाँद आकर करता है सजदा मेरा,
इंद्रधनुष रंग सारे, मेरे आंचल में है भरता,
तितलियाँ रंग दे जाती मुझे हँसकर सारा,
फूल मेरे क़दमों तले बिछ, सजाते रास्ता,
अलौकिक प्रेम होता सचमुच पवित्र इतना,
क्या हो जब यही बन जाये हृदय से पूजा,
देह में नजर आता अद्भुत-सा इक आभास,
जग छूटे, हर वक्त रहता प्रेमी का इंतजार,
आता वो रोज़, पर कुछ नया-सा लगता है,
समां यूँ बांधता कि मुझे जादूगर लगता है,
कोई हौले-से कानों में जाता फुसफुसाकर,

तेरे जैसे रहनुमाँ से ही ये जीवन संवरता है...

14

प्रगति करते रहना

लौह जिगर पाया है मैंने,
कोई बेवजह क्षोभ न करे,
हर हालात स्वीकारा ऐसे,
मेरे दर्द से गिला न करे,
आई गम की बदली ग़र,
चली जायेगी यूँ बरसकर,
नहीं बहेगा मेरा आत्मबल,
वो रहेगा अक्षुण्ण हरदम,
धूलभरी आंधियाँ आती,
करती आँगन में बसेरा,
पर झाड़-पौंछकर मिट्टी,
करना होता आँगन उजला,
कड़की है बिजली अचानक,
डरा रही वो मुझे यूँ औचक,
कुछ बिगाड़ मेरा न पायेगी,
बीत समय के साथ जायेगी,
होगा कभी तो ख़त्म अँधेरा,
खिलेगा फिर उजला सवेरा,
मुझे सिखा देगा ये जीवन,

काँटों पर हँसकर चलना,
पर उफ़ भी न करना,
बस आगे बढ़ते रहना,
बस प्रगति करते रहना...

15

ख़ुशी का स्वागत

घुंघरुओं की मानिंद रात मेरे ख़्वाब बजने लगते हैं,
सजाकर ग़म की महफ़िल ख़ुद गजलें गाने लगते हैं,
डूब जाते हैं इस कदर अनजानी-सी मदहोशी में,
मुझे भी डुबा देते अक्सर अजीब-सी बेहोशी में,
बेसबब-सी बातें अनगिनत ख़ूब बनाया करते हैं,
सजाकर सुरमई महफ़िल दिल बहलाया करते हैं,
कभी चाँद की सैर तो कभी सितारों की तफ़रीह,
अलग-सी दुनिया से करवा देते हैं मुझे रूबरू,
कभी फूलों की बातें तो कभी मधुवन की सैर,
ख़त्म ही नहीं होता वो मधुर-सी बातों का दौर,
ख्वाबों को तो पहाड़ों पर चढ़ने से भी नहीं गुरेज,
हिम से श्वेत, भूरे-काले वसन पहने बने रंगरेज,
कभी नाप आती हूँ उनके साथ सागर की गहराई,
याद आते वो दृश्य जब सुबह लेती हूँ अंगड़ाई,
कभी बदन रुई-सा हल्का बनाकर हवा में उड़ा देते,
कभी भूमि-सा बनाकर भारी शिला-सा बैठा देते,
ख्वाबों की रंगीन दुनिया में गहरे उतर रही हूँ,
बिसराकर ग़मों को ख़ुशी का स्वागत कर रही हूँ...

16

नया परवाज

मिलती हूँ तुमसे तो लगता है आईना देख रही हूँ,
तेरी हर झलक में अक्स ख़ुद का ही देख रही हूँ,
विचार यूँ प्रतिबिम्बित होते हैं मिलती हूँ खुद से,
समझ न पाई जो खुद, देखती हूँ तेरी दृष्टि से,
बात करके तुझसे लगता है कि बुलंदी छू ली है,
कुछ उधड़ी थी जिंदगी की चुनरी, तुरपाई की है,
कुछ सुलगे अरमां जो खदबदा रहे हैं पतीले में,
उन्हें मुकम्मल कर छिपा लाई हूँ ठंडे सीने में,
तेरी गली में कदम बढ़ाना जन्नत का अहसास,
तेरे घर के आगे नजरें झुकी, हुआ सज्दा ख़ास,
भीड़ में घिरी मुझ अकेली को क्यों लगे तू साथ,
मेरे हताश पंखों को मिलता है इक नया परवाज,
दिखते नहीं कभी पर कदम मिला साथ चलते हो,
मन की कच्ची-पक्की बातें ख़ामोशी से सुनते हो,
नहीं देना चाहती इस रूहानी रिश्ते को कोई नाम,
बस आईना बनकर रहना जन्मों तक यूँ ही साथ...

17

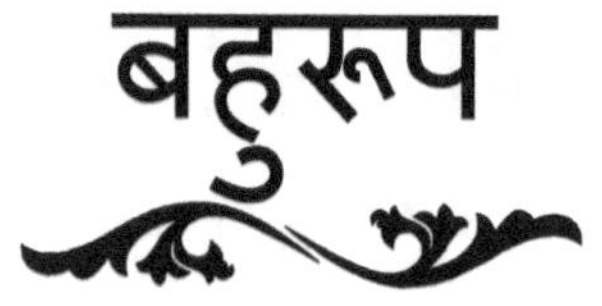

बहुरूप

लोग पूजते तुम्हें सिर्फ नवरात्रि में,
मैं देखता तुम्हें नित्य नये रूप में,
सौम्य-सी सीता हो कर्तव्य निभाती,
बनकर राधा प्रेमदीप अनेक जलाती,
प्रेम की परिभाषा बन दुःख मिटाती,
आँसू आँखों में कभी न देख पाती,
अपने अधिकारों को भूल-सी जाती,
शौक अपने गृहस्थी की भेंट चढ़ाती,
यहाँ किसी को सताने से पहले भूख,
अन्नपूर्णा सदृश करती सबको तृप्त,
आँगन में सुअवसर पे रंगोली सजाती,
बनकर लक्ष्मी स्वरूप दारिद्र्य मिटाती,
करती आय-व्यय का यूँ कुशल प्रबंधन,
ख़ुद के लिए बस न रखती विशेष प्रबंध,
सरस्वती-सा तेज है खिलता चेहरे पर,
हर विषय पर है पारंगतता अति प्रबल,
दुर्गा सदृश अन्याय का करती प्रतिकार,
समय पर सीख समुचित देती साधिकार,
हूँ पुरुष अभिमानी मैं भावनाओं से दूर,

चाहकर भी कहाँ कर पाऊंगा तुम्हारी होड़,
सुने सर्वदा मैंने भौज्येषु माता जैसे सूत्र,
की कामना मिले मुझे पत्नी यथा स्वरूप,
कार्येषु मंत्री, करणेषु दासी, शयनेषु रंभा,
क्षमया धात्री, रंगे सखी - न की आशंका,
हर रूप में हुई तुमसे दक्षता की आशा,
जैसे यही हो बस स्त्री होने की परिभाषा,
कच्ची मिट्टी को गढ़ते जैसे पीटकर,
तुम्हें पिलाई यही घुट्टी यूँ घोटकर,
हर कदम कर देना सर्वस्व समर्पित,
न रखना कोई प्रत्याशा स्वयं संचित,
क्या सिर्फ स्त्री का है यही कर्तव्य,
बहुरूप धरकर करे पुरुष को संतुष्ट,
मुझे सिखाया गया करना यूँ अपेक्षा,
काश कोई तो सिखाता बनूँ राम-सा,
जो मिट्टी से उत्पन्न करके सेना,
पाषाण सेतु बना, चला लेने प्रिया,
किसी का रुख न स्वप्न में किया,
एकपत्नी व्रत का संकल्प जो लिया,
काश मुझे भी दिया जाता ये शिक्षण,
न होती सबको तुमसे अपेक्षा अनंत,
कंधे से कंधा मिला हम करते कर्म,
नवरात्रि मनाते नहीं, यथार्थ में जीते...

18

संसार का भार

मेरे सूने मन के तुम सरताज,
दूर होकर रहते तुम सदा पास,
नहीं बंधे किसी लौकिक देह से,
हो मेरी पूजा के पावन पुष्प से,
तुम्हें न हो भले ही मेरी दरकार,
मेरे लिए हो तुम कृष्ण अवतार,
बारह महीनों त्यौहार अनगिनत,
लोग कहते क्यों मुझे विरागिन,
हर पल रहता तुम्हारा खयाल,
हरदिन मुझे बस लगे त्यौहार,
वासंती चैत्र की बधाई प्रीतम,
गणगौर पर लगते तुम ईसर,
करती उस दिन सोलह श्रृंगार,
यूँ चल देती साथ तेरे कैलाश,
रामनवमी पर देखूं बाल रूप,
सिखलाते मुझे न मर्यादा भूल,
वैशाख पूर्णिमा पर बुद्ध-स्वरूप,
देते मुझे ध्यान-समाधि के गुर,
ज्येष्ठ में वटसावित्री बन जाऊं,

हर जन्म तुम्हें ही वररूप पाऊं,
यमराज से भी देह छीन लाऊं,
अभय की परिभाषा सिखलाऊं,
सावन के झूलों में रहते संग,
मदहोश हुई जैसे पी हो भंग,
लहरिये में रूप मोहक सजाऊं,
साँवले को गोरे रंग से रिझाऊं,
भादों में यूँ जन्मते हो प्रीतम,
घनघोर घटा हो प्रकृति भीषण,
तीज पर मैं पार्वती बन जाऊं,
शिव संग जन्मों का संग पाऊं,
तुमसे ही रोशन है ये दीवाली,
नेह दीप सजाऊं मैं मतवाली,
मार्गशीर्ष आती माँ कात्यायनी,
माँगती तुम्हें, पूजकर भवानी,
जप, तप, व्रत करने हैं सफल,
हर जन्म यही पिया मिलन,
पौष की धूप से मोहक लगते,
कामकला के पोषक-से लगते,
माघ में बना सर्द पानी तुम्हें,
स्वदेह गलाती साधना के लिए,
ऐसी इबादत मैंने कभी न की,
ख़ुद से हो विलग, तेरी हो ली,
फाल्गुन की होली में उड़े गुलाल,
बीते सरपट दिन, महीने, साल,
बीती जाती है यूँ मेरी उमरिया,
चिर युवा रहते तुम सांवरिया,
मैं आती ही रहूंगी स्त्री देह में,
मिलती रहूंगी यूँ दिव्य रास में,
मेरी चेतना का तुम्हीं विस्तार,

पिंड में ब्रम्हांड दिखाते अपार,
पूरी करते तुम मेरी हर माँग,
फिर क्यों मांगू संसार का भार...

19

बसंती बयार

न जाने क्यूँ साँसें आज फिर भारी है,
कुछ नामाकूल होने की आहट तारी है,
उसकी जिद मेरी राहों की मुश्किल है,
दिल ही तो है मेरा, कोई संग नहीं है.
इक अब्र आ ले जाये ये सारा रंजो-गम,
बस इसीलिए हावी है भीगने की लगन,
आँखों में खलने लगी है धूप की तेजी,
स्नेहिल आँचल की छाँव हुई है जरूरी,
उसकी पाजेब की धुन से टूटे वीरानी,
उधड़ जाती है तन्हाई की परतें सारी,
खोलकर अपनी पायल उसने ली विदा,
जिंदगी जीने का अंदाज भी चला गया,
उसकी कशिश में उसके भाव जीता हूँ,
जिंदगी का जहर रोज घूँट-घूँट पीता हूँ,
भारी साँसों पर वो ख़ामोशी का बोझ,
तिश्नगी में सुकूं तलाशता हूँ सब ओर,
मिलती है नसीहतें; सुकूं नहीं मिलता,
उसके लौट आने का रास्ता न खुलता,
कोई तो भारी साँसों को हल्कापन दे दो,

जहर-सी जिंदगी को अमृत बन सींच दो,
हर आशंका को हटा जीने का हौंसला दो,
पतझड़-से जीवन को बसंती-बयार से भर दो...
संग (पत्थर)

20

इंद्रधनुषी देश

बादल तरसाकर चले जाते हैं, मेह नहीं बरसता,
तेरे ख़त आँखों से गुजरते हैं, पता नहीं मिलता,
बिन मेह के बदन की तपिश यूँ कम नहीं होती,
बिन पते के मेरी चिठ्ठी प्रीतम तक न पहुँचती,
कैसे मिले इस तपती धरा को बूंदों बिन आराम,
कैसे मैं जवाब दूँ गर तुम न बताओ स्व धाम,
कब तक ये बादल बूंदों को ख़ुद ही में सहेजेंगे,
तेरे नाम लिखे ख़त क्या लिफाफे में बंद रहेंगे,
इक दिन तो काले बादलों को बरसना ही होगा,
उस दिन तुझे भी अपना पता फिर देना होगा,
प्रकृति कर न सकती जब्त कुछ, न ही इंसां,
फिर क्यों रोके हुए तू ये प्रीत का सिलसिला,
काले-काले ये मेघ ले आते हैं प्रेम संदेसा तेरा,
श्याम वर्ण तेरा मुझे लगता है बेहद ही भला,
जब आना नहीं है तो तस्वीर भी न भिजवा,
देख तेरा वो अक्स खो जाती हूँ मैं जाने कहाँ,
कल ही तो इक आवारा बादल नाम लेकर तेरा,
मुझे उड़ा ले गया बसता जहाँ सपनों का जहाँ,
दिनभर साथ उसके मैं ढूंढती रही तेरा ही पता,

लिफाफों का अंबार मेरे इन हाथों में था सजा,
बादल से छिपाया, बूंदों-बिजली से भी बचाया,
इंद्रधनुष को न दिखाया नाम जिस पर था तेरा,
इतना रूहानी है तेरी-मेरी प्रीत का ये सिलसिला,
खोलोगे जो लिफाफे तमाम, शब्द न पाओगे वहाँ,
मेरी प्रीत मौन है और जज्बों का कलश छलका,
तुम थाम लेना वो सारी बूँदें मानकर उपहार मेरा,
मैं फिर से काले बादल के साथ आऊंगी तेरे जहाँ,
थाम लेना सबके सामने बस तुम आंचल ही मेरा,
रोक लेना मनुहार से सदा उसी इंद्रधनुषी देश में,
तमाम उम्र रूककर खो जाऊँगी नर्म आगोश में...

21

जले आँगन में दीपमालिका

तुम ख़्वाब से हकीकत बन जाओ,
मेहरबां, इन आँखों में बस जाओ,
देखना चाहूं तुम्हें खुली आँखों से,
ठुकरा आई विगत को पांवों से,
थोड़ा और भी करीब चले आओ,
अनदेखा-अनजाना चेहरा दिखाओ,
ऐसे अनुनय न तुम यूँ ठुकराओ,
अद्वैत हो तो दूरी चिर मिटाओ,
प्रेम सागर की हिलोर बन जाओ,
मेरे तप्त पावों को भिगो जाओ,
गोरी हथेली पर मेहँदी बन सजो,
माथे पर बिंदी बन प्रखर दमको,
अंजन बनाके छुपा लूंगी जग से,
हुई दीवानी यूँ लगी लगन जबसे,
मृणाल-सी बाहों को ऐसे थामो,
पतली कमर बाहुपाश में बांधो,
एकांत में यादकर तुम्हारा स्पर्श,

झुक जाते हैं मेरे चंचल नयन,
स्मित अधरों की बनाती विकल,
दहकता है बदन ये अति भीषण,
चंदन लेप बन शीतलता लाओ,
कोकिल कंठ से प्रीतराग गाओ,
फूल कुंजों के सभी चुन लाओ,
बालों की खूबसूरती महकाओ,
महावर का रंग लाल बन जाओ,
करधनी पर मोती-से सज जाओ,
कह आओ जग से तुम अलविदा,
कुछ साथ मेरे ही रह जाओ सदा,
तेरे ही भरोसे विगत किया विदा,
अब तुमसे जीवन कुञ्ज खिला,
थमे न ये ख़ुशी का सिलसिला,
जले आंगन में सदा दीपमालिका...

22

जीने का अद्भुत फ़लसफ़ा

अब मेरे इष्ट पाषाण से निकल मुझमें समा गये,
नश्वर दुनिया में भाव यूँ मेरे अविनाशी बना गये,
पहले खोजती रहती थी उन्हें बाहर ही सब ओर,
महसूस नहीं कर पाई वो बैठे मेरे अंतस के छोर,
उलझी रही बेतुकी दुनियावी उलझनों में चंहुओर,
ढूंढा अपना अक्स क्यों नश्वर देह में ही सब ओर,
पाप की गठरी भी घटाने का प्रयास हुआ पुरजोर,
बांधना चाहती थी उसे सर्वदा मजबूत स्नेह डोर,
थी मुझे मिट्टी के पुतलों से शिकायतें अनगिनत,
उस दिव्य ने थमाई भाव परिवर्तन की जादुई डोर,
नफ़रत के काबिल लोगों को क्षमा खुद कर दिया,
इस तरह प्रारब्ध अपना नई दिशा में लिख दिया,
हृदय में मेरे 'वो' खुद बैठ गया जमाकर सिंहासन,
अब वहाँ शिकवे-शिकायतों का दौर हो चला खत्म,
आततायियों के अन्याय को नजरंदाज कर दिया,
स्वकर्म की पोटली का भार फूल-सा हल्का किया,
हर हाल में सम रहने का दृढ़ निश्चय कर लिया,

झाड़-पौंछकर इस मन का कोना निर्मल मैंने किया,
प्रेम की संकरी गली में आज प्रवेश यूँ कर लिया,
'मैं' को विदा कर 'हम' से गठबंधन खास किया,
अब इंसान चाहे कातिल या मसीहा रूप में आये,
समत्व योग से सबका स्वागत करना सीख लिया,
क्योंकि इष्ट पाषाण से निकल मुझमें समा गये,
मुझे जीने का ये अद्भुद फलसफ़ा समझा गये,
अब भक्ति रहती है यहाँ मन को बनाकर घर,
देह को भी मिलता अचल, अडिग, मजबूत संबल,
स्नेहामृत का पान करके होते सबके मन निर्मल,
अब सब ओर ही खिला दिखता मुझे प्रेम उपवन,
कुछ ऐसा दिव्य मेरी साधारण दृष्टि को बना गये,
अब मेरे इष्ट पाषाण से निकल मुझमें समा गये...

23

ये सृष्टि फिर से देवलोक बनें

जब-जब राहों में शूल मेरे हिस्से आये,
जोश से मंजिल की ओर कदम बढाये,
घावों से रिसते खून ने जज्बे जगाये,
निंदक मेरे कदमों को रोक ही न पाये,
कम उम्र की दुहाई सब ओर से आई,
पर कदमों की गति कम न हो पाई,
समर्पण नहीं देखे उम्र, आवाज आई,
इसी भरोसे आत्मा की शक्ति जगाई,
मन दास चित्त का, चाहो जो दिशा दो,
अनियंत्रण की शिकायत कभी न करो,
गर जीत न पाये खुद के मन को तो,
गिला न हो जग पर आधिपत्य न हो,
मन की चंचलता का रोना रोने वाला
खुद अपनी कमज़ोरी से ही सदा हारा,
जो रहे सकारात्मक स्पंदन से लबरेज,
उसी ने इस जग में काज किये सतेज,
वही स्वयं का चिर भाग्यविधाता बना,

"

जिसने मन का अस्तित्व मिटा दिया,
उसे पहचान मिली अमिट व अतुलनीय,
जो भावों को पोषण दे बने भाव-कमनीय,
दूसरों को बदलने का खयाल जो त्यागा,
वातावरण में अद्भुत हुआ शक्ति संचार,
जीतोगे खुद को तो बनोगे विश्वविधाता,
बन जाओ इस मूलमंत्र के तुम ज्ञाता,
बीज खुद विगलित हो नवजीवन पाता,
हर विषम स्थिति में स्व को पनपाता,
फिर विशाल हो दाता भाव है धारता,
अपने फल खुद दूसरों में है बांटता,
ऐसे ही हम विपरीत स्थिति में डटें,
व्यंग्यबाणों को हार बना सजाये गले,
नित्य अपने लक्ष्य को मन में गुने,
श्रम को आदत बना सदा आगे बढ़े,
भाग्य रचयिता की पदवी धारण करें,
इस सृष्टि के लिए कुछ विशेष करें,
खाना-सोना तो होती पशु की नियति,
कुछ विशिष्ट ही होती है मानव मति,
सदा अपनी शक्तियों का विस्तार करें,
खड्ग ले दुर्गा सदृश दुष्ट संहार करें,
पेड़ बन सबको यूँ अनुपम उपहार दें,
धरा सदृश सबको क्षमा भी कर दें,
देवी बन नवजीवन का संचार करें,
महावीर सदृश सिद्ध रामकाज करें,
स्व से उठकर व्यष्टि का विस्तार करें,
ज्ञान दीप जला सुमति को व्याप्त करें,
स्वदोषों का दर्शन कर निर्जरा भी करें,
अपने व्यक्तित्व का पूर्ण विस्तार करें,
ठुकरा दें मूढ़जनों की अनुपयुक्त वाणी,

स्वनियंत्रण की लगाम न हो पाये ढीली,

हार से नई शिक्षा लें जीतना हो नियति,

अनुभवों से भरपूर हो, विदा हो कुमति,

समर्थ भावों से मन-चित्त होवे झंकृत,

चैतन्य चित्त से मैं हो जाऊं अलंकृत,

देवों सदृश दाता भाव हो जाये प्रबल,

इंद्र भी द्वार खड़ा रहे बनकर याचक,

मेरे पौरुष से सीखें समस्त साथी जन,

तय करूं मानवी से देवी बनने का सफर,

मेरे शुभ संकल्प कुछ यूँ सिद्ध हो जाये,

शूल भी मेरी गति में वृद्धि करते जाये,

काश! ये सृष्टि फिर से देवलोक बन जाये,

काश! ये सृष्टि फिर से देवलोक बन जाये...

24

आत्मबल सच्चा संगी

मैं नहीं नाराज किसी व्यक्ति-विशेष से,
हैरान हूँ अपनी गर्म साँसों के बोझ से,
इजाजत बिना नहीं किसी की हिमाकत,
मुझे यूँ नवाज़ दे परेशानियों के सागर,
धारा के विपरीत बल लगाना क्योंकर,
ढीला छोड़ो खुद को, होगा स्वनियंत्रण,
छीन सकता है आततायी सिर्फ भौतिक,
मेरी हिम्मत रखेगी जुनूं को जीवित,
खुद खरी उतरूं अपनी अपेक्षाओं पर,
नहीं देती कान व्यर्थ पर-समीक्षा पर,
कुछ परिस्थितियों की मार तगड़ी है,
समय को भी गुजरने की जल्दी है,
मुझे भी ढूंढकर सुधारनी हर गलती है,
दिल-दिमाग का संतुलन भी जरूरी है,
संकल्प पर पराश्रितता पड़ती है भारी,
जीतने हेतु करूं कुछ विशिष्ट तैयारी,
आत्मविश्वास है सफलता की कुंजी,
इसने राह की हर बड़ी बाधा हर ली,
हो जायेगा ये आग का दरिया भी पार,

मंजिल बाहें फैलाये करेगी इस्तकबाल,
शूल भी अब लगते जैसे कि जिंदगी है,
मेरा आत्मबल ही मेरा सच्चा संगी है,
बस उसी के सहारे ये जग जीतना है,
जो आज उपेक्षा करें उन्हें संदेश देना है,
मेरा मौन संदेश कभी पत्थर पिघलायेगा,
मेरी साधना से अम्बर नत हो जायेगा,
बस अपने मन की लगाम मेरे हाथ रहे,
फिर चाहे जग छूट जाये या साथ रहे,
मैं निर्लिप्त होती जाऊं व्यर्थ पाश से,
मोह के केंद्र परे हो जाये मेरी राह से,
बस खुद को सिद्ध बनाने की ज़िद है,
सिवा इसके न कोई और खुदगर्जी है...

25

उपवन बनाने की तैयारी

कुछ पेंच ऐसे है कि मन समझौते को तैयार नहीं,
ऐसा नहीं इस विषयक मत द्वारा प्रयास हुए नहीं,
धीरे-धीरे सब्र के चुकते प्याले को मैं पूर न सकी,
ऐसा भी नहीं दीये में स्नेहक भरना कभी भी भूली,
सब सध गये पर कुछ कोने क्यों रीते ही रह गये,
जो सहज दिखते हैं वो अरमान भी अधूरे रह गये,
हर काश को हृदय से विदा करने की मैंने ठानी है,
तटस्थ हो जीवन यज्ञ बनाने की अभिलाषा पाली है,
मेरी ये तटस्थता भी तो दुनिया को रास नहीं आती,
चले आते है पतंगे बन, उन्हें ये हवनाग्नि है बुझानी,
स्वयं जगदीश्वर ही इस प्रज्वलित आग का आधार है,
इसे रखना चिरायु हर तूफां में, ये उसकी चिर आस है,
हे पतंगों! तुम निष्क्रिय रहकर अपनी ही खोल समेटो,
जलती आग से क्रीडा करने का कुत्सित प्रयास छोड़ो,
स्वीकार लो, वो अपनी प्रखरता कभी तज न पायेगी,
अपने दिव्य संकल्पों को परहितार्थ ही साधती जायेगी,
तुम बन जाओ श्रेष्ठ दर्शक, यही नियति तुम्हारी है,

पत्थरों से टकरा कर उपवन बनाने की मेरी तैयारी है...

26

लिखने की कला

बहती थी मेरे शब्दों की नदी कलकल,

थमता ही नहीं था शब्दों का महासागर,

बस उड़ेलती रहती कागज़ पर अनवरत,

यूँ मेरे सुकूं की इक यही थी नियामत,

कुछ दिनों से परख रही थी आदमियत,

भेस बदल भेड़िये ही घूम रहे हर तरफ,

जब भाव समुद्र से भरने चाहे मैंने शब्द,

रीते समुद्र में पड़ रहा था अकाल निपट,

नदी की कलकल भी थी बेहद-ही सहमी,

मेरी कलम की स्याही भी थी यूँ सूखी,

पन्ने उड़ रहे थे कुछ अनाथ की भांति,

अचानक अंतस की मरुधरा सूखने लगी,

प्यास ढाने लगी कुछ ग़जब का कहर,

बर्दाश्त के बाहर हो रही थी यूँ हालत,

मैं फिर महासागर की तलाश में निकली,

सुनने को तरस रही थी कलकल ध्वनि,

कागज-कलम सजाये कंधे के तरकश में,

युद्ध चल रहा था अकाल व समुद्र में,

कैसे कर सकती थी सुकूं से समझौता,

ये हक़ तो कभी किसी को भी न दिया,
भेड़ियों ने लगाया रोकने का पूरा ज़ोर,
पर अंततः साबित हुए वो बड़े कमज़ोर,
मैंने नदी की धार मोड़ शब्द पा लिए,
सफ़ेद कागज़ फिर से नीले बना लिये,
अब वो कलकल फिर से दे रही सुनाई,
मैंने लिखने की कला कभी न बिसराई...

27
राजदारी

किसी को शाम भारी लगती तो किसी को मस्तानी,
मुझे तो ये चाँद-सूरज की लगती है पक्की राजदारी,
जब आता वो शीतलता बरसाता; दूसरा लेता है विदा,
सुबह-शाम मिलते भी और तत्क्षण कह देते अलविदा,
एक-दूजे से जुदा होते हुए मन हो जाता अक्सर भारी,
शायद इसीलिए शाम दिखती नारंगी तो कभी गुलाबी,
नीले आसमां की ओट में सबका आशियाँ है सजा हुआ,
इस संसार रुपी सराय में किसका पक्का ठिकाना हुआ,
सुकूं-चैन तो सदा अपने घर की चारदीवारी में ही मिला,
छोड़ उसे दोनों आते नियत समय निभाने अपनी भूमिका,
दोनों को ही मिली है भूमिकाएं कितनी विशिष्ट अलहदा,
इक योगियों का जुनूं तो दूसरे में छिपा प्रेम का फलसफ़ा,
वो मांगे प्रखरता साधना की तो वो ढूंढें अक्स प्रेमी का,
वो ओज से लबालब करता तो वो सौन्दर्य ओक में देता,
ओजवान भीतर खोजता तो ओक भरा प्रेमी को है ढूंढता,
चाँद-सूरज को महज ग्रह मानने की करो न कोई मूढ़ता,
जोगी तजकर ये नश्वर जगत यूँ पा लेता प्रखरता प्रबल,
प्रेमी ओक में भर शीतलता अति सरस बन जाता एकदम,
उड़ान भरता जब कोई वहाँ तक मिलता उसे अपना आसमां,

कोई रोक न पाया सदियों से चाँद-सूरज का पाकीज़ा रिश्ता,
सूरज बना स्त्रोत तेज-ओज का, चाँद बांटता मधु-सी मदिरा,
कभी थमते नहीं दोनों, निभाते अलहदा-सी तय ये भूमिका,
जब ब्रह्मांड का होगा विलय तो क्या विचित्र रिश्ता टूटेगा,
या बने रहेंगे हमजोली दोनों, नित्य बन मौत को देंगे दगा,
सुबह उठकर देखना चाहती हूँ इक दिन उषा का फलसफ़ा,
संध्या की ही तरह है वो संधिकाल लाती संदेसा ओज का,
उषा-संध्या में है कोई नाता पुराना, लगता उनमें बहनापा,
साधक की वांछा जानकर सबकी पूर्ण करती हर प्रत्याशा,
दोनों ही शक्तिशाली काल है खुद में ऊर्जा भरने के योग्य,
नित्य स्व संकल्पों को जागृत करने के बोध देते अगम्य,
विशिष्ट हैं हम मानव जन्म सहित ये बोध मिला अनमोल,
चाँद-सूरज जैसे नित्य जनों के मार्गदर्शन का न कोई जोड़,
उनसे ले ये संदेश और निभाये जब जैसी जरूरी हो भूमिका,
बनकर नियमित सदा कभी भूलें न, पूरे करना कर्तव्य अपना...

28

घर अपना बनाओ

इतिहास में आज तक किसी स्त्री ने न किया ये काम,

काश घर बनवाकर खुद का, लिख देती वो अपना नाम,

तन, मन, धन और सर्वस्व समर्पण करने वाली सबला,

इक कोने पर करके अधिकार बाहर लिख लेती स्वनाम,

भावनाओं में आकंठ डूबी वो कभी करती ही नहीं विचार,

कोई दिन सीता की तरह औचक मिल सकता निर्वासन,

आज भी कोई अहिल्या सदृश बहिष्कृत हो बनती शिला,

छिनते उसके अधिकार, होती प्रवंचित जैसे हुई थी रूमा,

द्रौपदी की तरह अपमानित हो न भटकना पड़े वन-वन,

अम्बा की तरह अपहृत हो न खोती यूँ अपना प्रियतम,

तमाम उम्र जोड़ती रहती पूँजी, चाहती न कोई प्रतिदान,

काश इक घर अपने नाम का बनवाकर रहती सावधान,

ग़र बुरे वक्त का साया आये तो न होती यूँ निर्वासित,

न जबरन उसे कोई करता अबला मानकर परिभाषित,

रिश्तों की शतरंज के खिलाड़ी कर सकते न यूँ प्रवंचित,

विवाहिता न होती पितृ गृह में आश्रय लेने को बाध्य,

अपने घर में दर्द भी सह लेती वो निर्द्वंद साधिकार,

इतनी बड़ी इस पृथ्वी पर हो उसका भी कोई घरौंदा,

जहाँ से कोई अत्याचारी न कर सके अकारण बेदखल,

ईशप्रदत्त जीवन जीती वो जीभर, न होता कोई दखल,
इल्जामों का बोझ तो वैसे भी है वो चुपचाप ही सहती,
स्वगृह होता तो अपने अंश संग साँसें थमकर ले लेती,
दोष तो वैसे भी स्वाभाविक हर स्त्री में ढूंढ लिए जाते हैं,
क्यों नहीं वो ठेकेदार इंसाफ करने को खुद आगे आते है,
देना चाहूंगी हर स्त्री को ये संदेश, मन को बनाओ कठोर,
जीवन में हासिल हो चाहे न कुछ पर घर अपना बनाओ...

29

यादों का मेला

जब भी रंजिशों-रुसवाई का दौर चलता है,
उसकी याद का मेला जेहन में लगता है,
मेले में सजते है कनखियों के ऊँचे झूले,
बिक रहे यूँ दिल टूटने-जुड़ने के खिलौने,
वादों-मनुहारों की कठपुतलियों के खेल,
चटखारें याद दिलाते स्वादिष्ट चाट-भेल,
तमाशे देखकर बेसाख्ता ही हंसते हुए,
गुड्डे-गुड़ियाँ के ब्याह लगते कैसे सच्चे,
हकीकत से रूबरू ख्वाब गिरते औन्धे,
ऐसे आलम में मेले भी निरे सूने लगते,
लाखों की भीड़ में खोने का अरमां होता,
यूँ घबराकर घर लौटने को मन मचलता,
बुतपरस्ती सिखा दी थी मिजाजे-इश्क ने,
रात-दिन सज्दे किये बैठ उसके कूचे में,
नि:शब्द रह आँसू पीने का दौर था खूब,
इश्क को आख़िर सताने लगी गर्म धूप,
पर आशिक को तो मौन बेहद है फबता,
लोग बेसबब सवालों का परोसते राब्ता,
आशिक के दिल में वो मेले सिसकते,

विसाले-यार के चर्चे नागवार गुजरते,
लाख शिकवें पर वो लगता क्यूँ भला,
कच्ची उम्र का सूनापन बेजार करता,
अनजानी आस का दिल में जला दीया,
मालूम है न आने के लिए वो है गया,
फिर क्यों रहता है इंतजार का आलम,
नयन भिगो देता है रास्ते का सूनापन,
दिल करता है उन पर गुल बिछाने का,
दिले-खुशफहम तके राह लौट आने का ,
इन्सां को खुदा करने के गुमां का गम,
मूंद आँखें उसके पीछे जाने का भ्रम,
वो क्यों जोड़ेगा तार उस पाकीज़गी से,
जो निभा न पाया दुनियावी इश्क से,
पहले करना होता है खुद को यूँ फना,
तभी तो इश्क का बाग़ फूलता-फलता,
अब जब कर ही चुका ईमान को फना,
तो क्यों किसी चिंगारी से सुलग उठा,
सुकूं का आलम गुलजार मुझे करता,
यादों का मेला अब न मुझे छलता,
छलनाओं को यूँ पीछे छोड़ आया हूँ,
रूहानी रिश्तों का बन गया सरमाया हूँ...

30
सच्चाई की राह

कुछ इस तरह मैं सच्चाई की राह पर आ गई,
झूठ बोलूं तो रकीब की भी समझ में आ गई,
चेहरा वो माध्यम जो कर देता बयाँ हाले-दिल,
मन के बीहड़ों को गुप्त रखना बेहद मुश्किल,
छुपा न सकी इस बेदर्द जमाने से राज अपना,
दिख गया आसमां पर दर्द की बदली का निशां,
अनचाहे ही कड़वी हकीकत जुबां पर आ गई,
कुछ इस तरह मैं सच्चाई की राह पर आ गई,
अक्सर छिपती फिरती हूँ उसके झूठे अक्स से,
अब नहीं फिर से बसना मुझे उसकी बस्ती में,
कब तक दुश्वारियों से यूँ ही नाता बनाये रखूं,
आजिज आ गई हूँ उस शख्स की आदतों से,
दुनियावी तंज सुन सलवटें पेशानी पर आ गई,
कुछ इस तरह मैं सच्चाई की राह पर आ गई...

31

मापदंड अब होगा बदलना

बड़ी आसानी से टूटे घर का दोष स्त्री पर मढ़ा जाता,
लेकिन पुरुष क्यों नहीं कभी यूँ संदेह के घेरे में आता,
निर्वासन के बाद एकमात्र सीता की हुई अग्निपरीक्षा,
क्या राम-लक्ष्मण को भी नहीं जाना चाहिए था परखा,
अहिल्या के बहिष्कार से पूर्व इंद्र को मिलनी थी सज़ा,
गौतम ने बिना देखे-परखे कठोर निर्णय कैसे ले लिया,
पापी की वासना के लिए मिली उस पवित्रा को सज़ा,
इस गलत परम्परा को प्रोत्साहन क्योंकर, कैसे मिला,
आज भी कई घरों में छली जाती है औरतें प्रच्छन्न,
दिखाई-सुनाई न दे पर होता उनका मानसिक शोषण,
कुछ घाव ऐसे होते हैं जो प्रत्यक्ष नहीं देते दिखाई,
कई मौन चीखें ऐसी होती है जो नहीं देती सुनाई,
जीती है वो पर छिन जाता है जीवन से मधुर रस,
सात फेरे ही बन जाते उनके लिए आजीवन बंधन,
सहानुभूति के नाम पर भी फिर बाहरी लोग ठगते,
उसे झूठी सांत्वना दे इल्ज़ामों की बरसात भी करते,
उसके शब्दों के अर्थ लगाकर लोग लेते मन की थाह,

नहीं समझते स्त्रीमन के भीतर होता विशाल उजाड़,
जहाँ वो मस्त होकर किसी समय निर्द्वन्द विचरती,
बस यही है वो जगह जहाँ वो स्वयं ही से है मिलती,
बेटी, बहन, बहू, पत्नी, माँ की भूमिका में देती वार,
पराये लोगों कैसे मिलता अंगुली उठाने का अधिकार,
उसके व्यक्तित्व की दिव्यता हजम किसी को न होती,
वमन करते कितने जन, जाने ख़लिश क्यों उनको होती,
जब समस्त कर्तव्य करती वो सहज ही मौन होकर पूरे,
तो अधिकारों के प्रयोग पर क्यों देने होते उसे ये ब्यौरे,
क्यों बोले कोई उसकी गलती का प्रतिशत है कितना,
सुनो लोगों! ये मापने का मापदंड अब होगा बदलना...

32

अनसुलझी गुत्थियाँ

कभी-कभी खुदबयानी भीम प्रयत्नों के बाद भी नहीं होती आसां,
जन्मों तक नहीं सुलझती अवचेतन मन की अनसुलझी गुत्थियाँ,
उन्हीं को सुलझाने का जिम्मा अहं, मिला है कलम-कागज़ को,
उन्हें जाना होता है दुर्गम पथ पर, चैन की नींद लिवा लाने को,
ये दोनों है मित्र सगे, इन्हीं के प्रयासों से सुकूं के दरवाजे खुलते,
इंसा तो मित्र बनकर इल्जामों की बौछार से दिल छलनी करते,
कागज-कलम क्यों बेहूदा सवाल नहीं करते, बेतुकी सलाह न देते,
मुझे लगते हैं ये भले जैसे सहोदर हो, खून के रिश्ते से हैं पनपें,
कागज-कलम कभी नहीं जमाते एकांत पे अवांछनीय बेजा अधिकार,
इन्हें तो बस मुझे स्वतंत्र, प्रसन्न, मुक्त करने की होती है दरकार,
इन्हें नहीं आता इंसानों की तरह बातों-बातों में व्यंग्य करना बेशुमार,
अवचेतन हो या अचेतन मन के बवाल, ये सुलझाते, मिलता आराम,
समझ रही हूँ कि अब भ्रमित इंसानों को नहीं बनाना है मुझे राजदार,
बस कागज-कलम से बयाँ कर हर कथा निभानी है दोस्ती मुझे हर
बार...

33

जिंदगी की नेमत

इक वक्त था जब तुम पुकारा करते थे,
मुझे पा लेने का खुद से वादा करते थे,
निकलती थी जब कभी गली से तुम्हारी,
दिल बिछा दिया करते थे राहों में मेरी,
मेरी मर्यादा की लाज संभाले रखते थे,
शालीनता से यूँ स्नेह जताया करते थे,
दर्द-दिल के पक्के साझेदार बनते थे,
मेरे ठुकराने पर कभी न बिगड़ते थे,
देखो! अब वक्त ने ले ली है अंगड़ाई,
मैं ठगी-सी उस आँगन में लौट आई,
दिल ने मेरे बेहद गहरी चोट है खाई,
अब तनिक याद न आता वो हरजाई,
कसक दिल की किसी को न सुनाई,
तेरी उम्मीद पर मैं उसे ठुकरा आई,
पर अब भी मन उड़ने को आतुर है,
तेरी आँखों में दिखती मुझे मंजिल है,
रुसवाई में कई कोस आगे यूँ बढ़ आई,
बेसबब डराती है मुझे मेरी ही परछाई,
तुझे करनी है अब मेरी हौसलाअफजाई,

बस तुझसे ये नेमत जिंदगी मैंने पाई,
दर्द को दवा बना होठों पे मुस्कान आई,
जीवन खुशनुमा बनाने की कसम है खाई...

34

मेहरबां की बज़्म

मेरी पज़ीराई में उसने चाँद बिछा दिया,
मैंने उसे इंसां से मसीहा का रुतबा दिया,
मेरे इस्तकबाल में लाया वो चुनर चांदनी,
मैंने सलीब पर टंगी साँसे नाम उसके की,
मेरी पेशानी की सलवटें छिपी न रह सकी,
परेशां हो उसने सदा तमाम हकीमों को दी,
कोई कैसे कर पाता यूँ दर्दे-दिल का इलाज,
लाइलाज बीमारी के चलते न बदले मिज़ाज,
मैंने लब सी लिये जब होकर बेहद ही परेशां,
न गया वो कहीं, मेरा असीर हो साथ ही रहा,
इश्क मुक्कमल होना सबकी किस्मत में नहीं,
उसे देख खयाल बेमानी हुआ उसी क्षण वहीं,
उसकी बंदगी पर इतनी अकीदत मुझे हो गई,
मैं हिजाब हटा, भूल पहरे, उसके पीछे हो ली,
अब न कोई हीलो-हुज्जत का नक़ाब चाहिये,
मुझे बस रहनुमां का बेशुमार प्यार चाहिये,
मेरी दास्तां इतनी, मैं हूँ सुरमई इक नज़्म,
गाई जाऊं वहां जहाँ हो मेहरबां की बज़्म...

35

ताजमहल तेरे नाम का

बज़्म तेरी हो या अंजुमन मेरी,
हो रही चर्चा तेरे ही नाम की,
लाख बिछाये यूँ दिल लोगों ने,
दीवाने सब अलहदा अंदाज के,
तू एक 'अनोखी' इस भीड़ में,
छान लिए कायनात के चप्पे,
नहीं हूँ तेरी दीद के तो काबिल,
लुटा दूंगा सुख तुझपे अनगिन,
तेरी चाहत मुकम्मल बना देगी,
सौगात में दुनिया झुकी होगी,
इकबार मेरी राहों का रुख कर,
तेरे नाम होगा इक ताजमहल,
डरती है तू यूँ बेदर्द जमाने से,
बाज न आती मुझे आजमाने से,
नामें-इश्क कभी न रुसवा होगा,
रख दूँगा आगे सितारों का जहाँ,
तेरी ख्वाहिश ही देती है कूवत,

दीवानों-सी हो गई कुछ हालत,
मोहब्बत को ठुकरा न पाँव से,
खाक होगा जहाँ मेरी आह से,
दिलजला फिर भी दुआ देगा,
तेरा ठुकराना तुझे परेशां करेगा,
जब भी मेरे नाम का चर्चा होगा,
सर्द आह से दिल यूँ भरा होगा,
न छुपा सकेगी न करेगी बयां,
दिले-बर्बाद का हाल बुरा होगा,
जज़्बात हो जायेंगे इतने बेकाबू,
हर पल होगी यूँ मेरी ही जुस्तजू,
हर जगह नाम लेती फिरेगी मेरा,
भूल पायेगी न एहतराम अलहदा,
चला गया तो न लौटूंगा कभी भी,
नाम दिल में पर लब पे न अभी,
मेरी बेरुखी तुझे रुलायेगी बार-बार,
ऐसा आशिक़ न मिलेगा हर बार,
मरकर तेरे हाथों कातिल न कहैं,
हर सपना तेरा जुनूं ही बना ले,
रोयेगी सुनकर मेरा चर्चा आम,
कातिल होने पर कैसे हो जज्ब,
जिंदा अरमानों को बुत बनायेगी,
बुत से न कोई ख़ुशबू आयेगी,
जिंदगानी-सा हसीं है तेरा नूर,
खुदा मेहरबां है तुझ पर जरूर,
तेरी जुदाई मौत का हमसाया है,
इल्म ले दीवाना बज्म में आया है,
मेरी अंजुमन से न जा इस तरह,
अहसासे-इश्क नवाज खोल गिरह,
हमारी संगत अब एक हो जाये,

इस तरह एक-दूसरे में खो जाये,
वजूद हमारा एक ही नुमाया हो,
मेरा हर अरमां तेरा सरमाया हो...

36

अनुभव

जितना डूबती गई तुममें; हल्की होती गई,
जितना छोड़ा संसार; तुममें गहराती-सी गई,
उठा रखे थे कांधों पर बोझ अदृश्य जब तक,
तुम न आये पास मुझे अपनाने को तब तक,
मुठ्ठियाँ खोलकर मैं कुछ विचित्र-सी हो गई,
रीती हुई संसार से; तुम्हारी परछाई हो गई,
तुम हो एक जादुई दरिया; जो भरमाता है,
जब भागूं दूर तो यूँ अपनी ओर ले आता है,
तय है कि इक तुम्हीं हो मेरे भाग्यविधाता,
समझाना चाहती इसलिए मैं नैनों की भाषा,
मैं उन्मादिनी बन गई तुम्हारी ही परछाई,
वन-वन डोली मीरा थी तुम्हारी ही भरमाई,
कुंजों में चहकती राधा, तुम्हारी ही आशनाई,
तुम्हीं से मैंने अलौकिक प्रेम की थाह पाई,
प्रेम का जाल लिए तुम मेरा पीछा करते हो,
लो; दे दिया मैंने खुद को, अब तो दर्शन दो,
लौकिक आँखों से दिखना तुम्हें नहीं है सुहाता,
खोला मेरा तीसरा नेत्र, ये तुम्हारी ही है गाथा,
मेरे बूँद-भर प्रेम पर तुमने अनंत द्वार है खोले,

मेरे नन्हें समर्पण को राधा-मीरा के स्थान दिये,
क्या तुम देते सबको ऐसे ही प्रतिदान अनोखे,
या मुझ विशेष प्रियपात्री के प्रियतम हो अनूठे,
तुम हो मेरे सर्वस्व, कहती हूँ निर्द्वंद भाव से,
महसूस करती ऐसे कि तुम शिरा-शिरा में बहते,
ऐसा तराशा तुमने कि मैं बेखुदी में खो गई,
ठुकराकर दुनिया तुम्हारे बाहुपाश में सो गई,
उम्मीद है ये नींद जन्मांतर तक नहीं टूटेगी,
मैं सोई तुम्हारी बाँहों में ये दुनिया देखेगी,
अब कोई संकोच नहीं मैं तुम्हारी हूँ परणाई,
त्यागा संसार का मोह, शरण तुम्हारी आई,
आँखों में छाया हल्का-सा नशा, होंठ मौन,
मूलाधार स्पंदित, अंगुलियाँ लिखने को बैचैन,
आयेगा वो दिन जब लिखना मुझे न भायेगा,
उतरूंगी तुममें, सांसों का भार सहा न जायेगा,
अगर ये मुक्ति की अनुभूति, इतनी पावन है,
घटेगी जब तन-मन पर तो जीवन मधुबन है,
ले चलो मुझे वहां, जहाँ राधा संग तुम नाचे,
सिखाओ दिव्य रास जो सांसारिक विकार भागे,
मेरे समर्पण का रंग इतना गहरा खिला होगा,
स्वयं कान्हा मेरे अंक में प्रेमासिक्त बैठा होगा,
अब जन्म-जन्मांतर तक तुम्हीं हो मेरे लक्ष्य,
मैं तुम्हारी संगिनी-अनुगामिनी, तुम मेरा प्राप्य...

37

अपना शहर

अपने ही शहर की गलियाँ अब अनजानी लगती है,
यहाँ के बाशिंदों के चेहरों पर क्यों मुर्दानी दिखती है,
हर शख्स आता है नजर खुद ही से भागता हुआ सा,
किसी कटघरे में खड़ा लगता है संगीन गुनाहगार-सा,
न जाने मायूसी क्यों इस कदर सब पर हावी हो गई,
जिंदगी लगने लगी महंगी, मौत बेहद सस्ती हो गई,
अपनी साँसों के बोझ तले दबे नजर आते लोग सभी,
देखूं गर गौर से तो जिंदा लाश नजर आते हैं सभी,
रहती थी जो गर्मजोशी वो अचानक कपूर-सी उड़ गई,
रवानी जिंदगी की खोई नेपथ्य में, साँसों में मौत घुल गई,
हँसने की नाकाम कोशिश करते चेहरों से उज़्र होता है,
साजिशें बुनते उन दिलों से मेरा चित्त नजरें फेर लेता है,
कैसे गिनाऊँ मेरी रुसवाई के कारण हो चुके हैं कई हजार,
उन्हें आईना दिखाकर, समझाने का मन होता है बार-बार,
चल मेरे दिल! चलना ही होगा तुझे मजबूरन कहीं और,
इस बिछड़े दिल को अब मेला न मिलने वाला इस ठौर,
टूटे दिलों और बिछड़े कारवां में अब मेरा बसेरा न होगा,
उम्र के इस पड़ाव पर ढूंढना ही होगा कोई पासबां नया,
इन भग्न हृदयों और बुझे दीपों से उजाला नहीं होगा,

अब इस मायूसी ओढ़े शहर में मेरा गुजारा नहीं होगा...

38

भीतर की नदी

इस जन्म की यात्रा में मिली कई अनजानों से,
कुछ ने छुआ शब्दों से, कुछ ने जज्बातों से,
भीतर की नदी उड़ेलना चाहती समूचा खुद को,
पर पात्र समुद्र-सा मिल न सका सूने मन को,
कोई अहं, दंभ और क्रोध में बना दुर्वासा था,
जीता न खुद को, मुझ पर अधिकार जमाना था,
दुर्वासा समझ सका न अपने ही मन की भाषा,
मुझसे सुनना चाहता था प्रेम की नई परिभाषा,
व्यथित हो मैंने मौन का आभूषण पहन लिया,
ठुकराया दंभी को, राह बदल नया पथ चुन लिया,
हर बार बंधी कर्तव्यों से लुटाती गई निज गौरव,
लगी हाथ निराशा, संभाल पाया कोई न यौवन,
युवापन में ही मैंने रूप वृद्धा का धर लिया,
चंचलता तज, गंभीरता का आंचल ओढ़ लिया,
फिर भी न मिला कोई पात्र समुद्र-सा विराट,
जिसकी विशाल तरंगों पर देती ख़ुद को वार,
कतरा-कतरा बँटकर मैंने सबको चाहा करना प्रसन्न,
कभी बाहर आ न सके शूल, चुभे थे जो प्रच्छन्न,
मन के सूनेपन को मिल न रहा था कोई मेला,

इस जग के मेले में भी पंछी रह जाता अकेला,
फिर समेटे कतरे मन के, किया दिव्य का आह्वान,
वो दौड़ा आया नंगे पग, मुझको अपना अंश मान,
मोहांध, अंहकारी, क्रोधी बैठे थे मौन, शीश झुकाये,
समुद्र के उत्ताल वक्ष पर मैंने प्रेमभाव दिखलाये,
उदारमना, विशाल उदधि ने प्रेमपुष्प किये स्वीकार,
मेरे व्यक्तित्व को दिया उसने सप्रेम पूर्ण मान,
जगत को उसने दिया संदेश स्त्री का गौरव समझो,
जगदधात्री उस कोमलांगी को कमतर न समझो,
सृष्टि, विस्तार, विनाश खेलते उसकी ही गोद,
नष्ट कर देती समूचा, गर आ जाता उसे रोष,
वो प्रेमपूर्णा जानती है ख़ुद को करना अर्पण,
अहं तुष्ट न करो, बन जाओ तुम प्रेम दर्पण,
उसे गर बहने दोगे मुक्त, स्वतंत्र और निर्बंध,
वो लुटाकर ख़ुद को, कर देगी तुम्हें परिपूर्ण,
गर नही पाते ख़ुद को उस दिव्या के योग्य,
न चाहो बनाना बलात उसे मात्र अपनी भोग्य,
मिले हर नदी को हर जन्म पात्र समुद्र-सा,
किसी स्त्री मन को न करना पड़े समझौता...

39

स्व परिधि

कई रातों से ख्वाबों की आवाजाही बंद है,
नींद की गली कुछ ज्यादा हो गई तंग है,
जगरातों की महफ़िल भी पूरे शबाब पर है,
आँखों को मिला आंसू का अजब उपहार है,
थे जब ख़्वाब जवां तो अलग-सी थी दुनिया,
नहीं हुआ मुझे उसके न होने से कोई गिला,
ताने-बाने ख़्वाब बुनते सुकूं बेहिसाब मिला,
बसा लिया एकांत का अलग ही इक जहाँ,
उस जहाँ में बादल, पर्वत, नदी और पेड़ थे,
चाँद-सितारे नीचे आकर बाहों में ठहरे हुए थे,
कहता मन तो ओढ़कर श्वेत बादलों की चुनरी,
अक्सर निकल पड़ती थी बना सूरज को गगरी,
चलती आकाश गंगा पर लाने चाँद से पानी,
सितारे कुछ शरमाकर नीची करते, नजरें अपनी,
कभी झूला डालकर इंद्रधनुष पर हुलसकर झूलती,
लाल-पीले गुलाबों की होली, चुनरी कसूमल रंगती,
पर्वतों से उठते धुएं में चलकर दूर निकल जाती,
पेड़ों पर जमे हिम एकटक देखते हुए न अघाती,
बसंत में बैठ कुञ्ज, सुनती भौंरों का मधुर गान

मदिर प्रेम का आवेग करवाता प्रीतम का भान,
स्व परिधि में खुशी का हुनर ख्वाबों ने सिखाया,
नहीं तो संसारी कहाँ जान पाये ये अनूठी माया,
दूसरों पर आश्रित ख़ुशी ने संताप ही है बढ़ाया,
कर लो खुद से प्रीत, जहाँ क़दमों में सिमट आया...

40

दिव्य रचना

आज तो मेरे आँगन में बसेरा कर ले,
कर्तव्यों की वो पोटली किनारे कर दें,
क्षणभर को कर बिश्राम इन बाहों में
फासलें कुछ दरमियां न रहे राहों में,
किसी के बिना न रुके सृष्टि के काम,
चलता रहेगा सब लीक पर अविराम,
जानती हूँ कि तुम हो सबके ईश्वर,
तुम्हें भी तो चाहिए आराम क्षणभर,
अब जब भार है सम्पूर्ण ब्रम्हांड का,
बिल्कुल लाज़िम लगता है यूँ थकना,
बुलाती हूँ निकट तुम्हें निशि-दिन,
बतिया मुझसे, थोड़ा तो हिल-मिल,
क्या दो घड़ी रुकने के न मैं काबिल?
तड़पाकर मुझे न बन ऐसे संगदिल,
जानती हूँ लक्ष्य तुम्हारा है अनूठा,
संग तुम्हारा ही मुझे लगता मीठा,
चाहते हो इस सृष्टि को निखारना,
मुझे है बस एक तुम्हारी ही कामना,
त्याग न सकते कर्मयोगी की भूमिका,

मुझे तेरे सिवा नहीं किसी की कामना,
कैसे बदलेंगे दोनों ये इरादा अपना,
सदियों के लिए नहीं चाहती रोकना,
बस कुछ क्षण मेरे पहलू में गुजारना,
साध पूर्ण होगी तुम्हें मिलेगी दिव्य रचना...

41

शीतल चंदन

ए सखी; आज लगा दे पूरे बदन पर चंदन,
परदेसी पिया न जाने लौटेंगे कब वापस,
मन की खिडकियों के द्वार करती हूँ बंद,
तन में जाने कैसी होती है दहक मंद-मंद,
न सुलग पाती हूँ, न पूरा होता प्रशमन,
बैरी बन गया है अब मेरा अपना ही तन,
यूँ दिन गुजरे तो कुम्हला जायेगा ये तन,
बीती उम्र, महसूस न होगी कोई सिरहन,
इंतजार की घड़ियों में बीता ये सावन,
यूँ ही वियोग में बीत चला है ये जीवन,
बढती ही जा रही है ये मीठी-सी चुभन,
प्रेमगली में बना दो इक उपवन अलग,
रहूंगी वहाँ सांवरियाँ को बना प्रियतम,
कुंजों में करेंगे हाथ थाम हम विचरण,
दाह का कर सकते हैं इक वो ही शमन,
वैद्य बनकर दिव्य औषधि का वितरण,
सावन के झूलों पर श्रृंगार नव-नूतन,
सांवरियाँ बिसरा देंगे गोपियों का संग,
प्रेम मेरा अतिशय निश्छल-निर्मल,

सावरियां बिना न होगा निर्वहन,
उपवन में दोनों करेंगे रास दिव्य,
मुझे प्रतीत होगा ये संसार नव्य,
दहक फिर बन जायेगी शीतल चंदन,
बाहुपाश प्रियतम का नंदन कानन,
फिर संसार का न रहेगा कोई बंधन,
एकाकार हो जाऊँगी मैं दिव्य संग...

42
दुनिया सपनीली

सफ़र लंबा और राह है अति कंटीली,
यूँ ही हासिल न होती दुनिया सपनीली
ये लंबा सफ़र बन जाता मानो रण,
तय करने पर विजयश्री करती वरण,
निकल तो गई कुछ ठानकर विशिष्ट,
साथ होते हो तुम सदा बनकर इष्ट,
अमरबेल सी रहती तुम पर आश्रित,
प्रेमरंग घुलते अंतस में हो मिश्रित,
कभी बन जाते हो तुम वज्र से संबल,
कभी तरसाते ठुकराकर मम आलिंगन,
भरमाते हो कभी हो आँखों से ओझल,
कभी भरते हो मेरे ही साथ हर डग,
कभी बहलाते जी, बनकर कहानी नई,
कभी मौन में सुनाते बातें अनकही,
कभी डुबोते हो नैनों के समंदर में,
कभी होते ओझल मन के बीहड़ों में,
कभी विधु बनकर करते शीतल लेप,
कभी तपाते जैसे हो सूरज का वेग,
कभी बना देते हो हृदय को विरागी,

न जाने बनाते फिर से क्यों अनुरागी,
लक्ष्य दिखता है मुझे बस दूर ही से,
नहीं देखना अब जाकर नजदीक से,
जबसे बन गये हो तुम मेरे हमकदम,
अब नहीं लगता काँटों से तनिक डर,
युगों तक चलना चाहती हूँ यूँ बेफिक्र,
तुम न करना साहिल से मेरा जिक्र,
वो चुम्बकीय आकर्षण नहीं खींचता,
आंसू अब मेरा उपवन नहीं सींचता,
तुमने दे दी वजह खिलखिलाने की,
ओढा दी है मुझे चूनर बादलों की,
अब लंबे सफ़र से रश्क नहीं होता,
राह का कांटा भी सुंदर मोती लगता,
अब युगों तक यूँ अनवरत है चलना,
तुम मरहम पाँव के छाले पर रखना,
मैं लुटा दूंगी तुम पर प्रेमनिधि समूची,
रहेगी न कोई कामना दोनों की अधूरी,
हासिल कर लेंगे हम दुनिया सपनीली
हासिल कर लेंगे हम दुनिया सपनीली...

43

दिल की वीणा

यूँ ही किसी को देखकर कभी प्यार नही होता,
दिल की वीणा पर अनायास झंकार नहीं होता,
गर ये हुआ तो कुछ अति विशिष्ट है घट गया,
अलबेले सजन की गली का पता भी मिल गया,
पता मिला तो मुकाम तक पहुँचना है लाज़िम,
उसके बिना हर सांस लगती है बेहद बोझिल,
नहीं करती परवाह कि उसने मुझे गैर कहा,
उसे पा लेना है हृदय का एकमात्र सपना,
उसकी बस्ती में जाने का इरादा है पक्का,
मुझे नहीं शुबहा कि आशिक है वो सच्चा,
उसके दरों-दीवार भी मुझे लगते हैं अपने,
बुनने लगी हूँ मन में ख़्वाब कच्चे-पक्के,
पर ख्वाबों में रंग तो उसे ही सजाने होंगे,
मांग में चाँद-सितारें ही लाकर सजाने होंगे,
प्रेम उपवन में दोनों सदा रहेंगे हिलमिल,
सितारों-भरा आंगन करेगा यूँ झिलमिल,
प्रेम की फुहारें बरसेगी हर ओर रिमझिम,
प्रीत का पौधा बढेगा अविराम निशदिन...

44

सीता से चंडी

पुरानी यादों की राख गंगा में बहा आई हूँ,
दिलजलों की आसक्ति को ठुकरा आई हूँ,
नहीं रंज कि बेजा दिल दुखा किसी का,
अंजामे-दर्द से अब हो गई हूँ बेपरवाह,
यूँ नहीं कि बद्दुआ मुझे छू नहीं पाती,
यूँ भी नहीं, गर्म साँसे मुझे नहीं सताती,
इष्ट के चरणों में सब भेंट कर आई हूँ,
उन्हें ही झूठ-सच का साक्षी बना आई हूँ,
एक वही है जो देते हैं सुकूं भी बेहिसाब,
उनके ही कंधे पर सिर रख होती हूँ शांत,
बाकी तो सब दिल दुखाने पर आमादा है,
सब इंसानी फितरत का भद्दा तमाशा है,
इन सफेदपोशों को देखना भी गवारा नहीं,
इनकी गली में पग रखना भी भाता नहीं,
रुख ही नहीं राहें भी बदल दी अब मैंने,
अपनेपन के अश्क सब सूख गए हो जैसे,
शायद कभी तो उन्हें भी होगा अहसास,
अब न रहा नाम उनका खासों में शुमार,
क्यों नहीं मेरी राहों से फेर लेते वो रुख,

नहीं तो बेनकाब होकर मनायेंगे सौ दुःख,
सीता से चंडी की भूमिका में आ गई हूँ,
पथभ्रष्टों पर बनकर काल मंडरा रही हूँ,
जीत तो मेरी दिव्य ने निश्चित की है,
बस; उनकी हार पर तरस खा रही हूँ...

45

साधना

वो रहता सदा ही मेरी नजरों से यूँ ओझल
पर मन-मस्तक में आज प्राकट्य हो गया,
वो नहीं करता अपेक्षा भार से मुझे बोझिल,
इसीलिए मन मेरा गंगा-सा निर्मल हो गया,
मैंने भी उम्र भर न रखी तुच्छ-सी अपेक्षा,
बस आत्मा-परमात्मा का संगम हो गया,
इस तप में विकलता तो होती है असहनीय,
पर अनुभूति से परिणाम ब्रह्मानंद हो गया,
क्यूँ मीरा हो विकल-बैरागन बन बैठी बावरी,
अब इस बात का सजीव परीक्षण हो गया,
धर्म का मर्म अर्जुन को यूँ समझाने वाला,
वो योगेश्वर ही मेरा प्रकट प्रियतम हो गया,
अब डाले कितने भी जाल ये नित्य संसार,
मेरा मन नख-शिख तक यूँ स्वतंत्र हो गया,
अब बाँध न पाये कोई लौकिक बंधन मन को,
अनायास ही सभी भय-भ्रमों का अंत हो गया,
वेदांत, विशिष्टाद्वैत या योग को धन्यवाद दूं,
सहायक है सब पर एक नाम असंभव हो गया,
इरादा तो समाधि में चले जाने का है प्रबल,

पर कर्मयोग के मार्ग का ही आदेश हो गया,
ये उड़ान अवश मुझे कहीं ले जा रही है मगर,
संसार में रहकर साधना करना तय हो गया...

46

मंजिल पर नजर

चाँद-तारों को साक्षी बना मैंने वियोग चुन लिया,
राह में आने वाले मुसाफिरों को विदा कर दिया,
बहते पानी की सी फितरत हो गई है मन की,
जमी काई बिसरा, चलते रहना है जिद इसकी,
साँसें होती भारी अक्सर किसी दर्दीली सदा से,
कुछ दिलजले बद्दुआ भी देते हैं गजब अदा से,
उन सबकी खताओं को कर दिया है नजरंदाज,
खुद से ही अपना कर लिया है गठबंधन खास।
किसी औचक-से क्षण में कोई ऐसे धर दबाता है,
मेरी खुली साँसों पर मजबूत पहरा-सा जमाता है,
गुस्ताखों का चंडी बन अंतिम संहार कर दिया,
जलती आँखों से उनका काम तमाम कर दिया।
जबसे जमाई संकल्पित अपनी मंजिल पर नजर,
मील के पत्थरों से चल रही होड़ बेसाख्ता बराबर,
कौन दोस्त है या दुश्मन; अब गिनना छोड़ दिया,
अँधेरे-उजाले लगातार चलते रहना तय कर लिया...

47

निरयति को कृतार्थ

मैंने इश्क का जादू महसूस किया है,
उसकी बाहों में सुकूं बेहिसाब मिला है,
अब करनी है मंजूर तमाम दुश्वारियाँ,
प्रेमगली में गूँजेगी हमारी ही यारियाँ,
तेरे निस्वार्थ प्रेम ने मुझे सहारा दिया,
मैंने ये जन्म सिर्फ तेरे नाम लिख दिया,
तू आवाज न दें फिर भी पीछे आना है,
इस तरह नियति को भी कृतार्थ करना है...

48

पिया बसंती

काली बदली जब भी घिरी, बाँसुरी की धुन मन में बजने लगी,
छम-छम गिरती बूंदों में मन मयूरी पंख फैलाकर नाचने लगी,
सावन की मतवाली रुत में झूले हो रहे थे उपवन में आबाद,
इस पगले दिल को था उस परदेसी पिया का बेसब्र इंतजार,
खिल आये थे आकाश पर मोहक इंद्रधनुष के सब रंग सतरंगी,
अब भी न आया पिया बसंती, शाम का रंग हो चला सिन्दूरी,
देख सूनी डगर, याद कर सौतन को दिल मेरा पागल घबराया,
उस ख़ाली शाम मैंने ख़ुद को अपना संबल मान कदम बढ़ाया...

49

प्रेम का अंकुर

मुझे हर आहट पर तेरे आने का धोखा होता है,
दर्दे-दिल पर तेरे प्रेम का मरहम लगा होता है,
होना है तेरे प्रेम में मुझे समर्पित कुछ इस तरह,
बीज का विगलन हो अंकुर फूटता है जिस तरह,
भूमि में फिर जड़ें जमाता है वो पौधा नया-नया,
खाद-पानी मिलने पर होता विकसित जरा-जरा,
समयानुसार बढती शाखें, फूटते है पत्ते हरे-हरे,
इंतजार में तेरे, नयन मेरे रहते है यूँ प्रेम भरे,
भीतर होती रहती जड़ें गहरी, ऊपर खिलते पुष्प,
चित्त अनुरागी, पर दुनिया को जताती मैं शुष्क,
दिन-रात पौधा पाकर पोषण हो जाता मजबूत,
मेरे मन में भी तव प्रेम का अंकुर होता पुष्ट,
इस निश्छल प्रेम पर दुनिया को रश्क होता है
मुझे तेरे सिवा अब किसी पर न यूँ भरोसा है,
मेरे दर्द को तूने सहलाकर हँसी में बदल दिया,
नये रूप में परिभाषित ये पवित्र प्रेम कर दिया,
लगे ऐसा कि राधा-कृष्ण खुद आ समाये हममें,
तमस हटा रोशनी से मेरा आंचल पूर्ण भर दिया...

50

दिल की बस्ती

अब मेरे जीवन पर तेरा हस्ताक्षर नहीं होगा,
तेरा नाम अब मेरे खासों-अजीज़ में न होगा,
जबसे मैंने कर लिया खुद पर भरोसा बेशुमार,
मुझे नहीं तेरे निगाहें-करम की कोई दरकार,
अब तेरे बिना जीवन स्वर्ग-सा सुंदर होगा,
उपवन मेरा बेमिसाल कस्तूरी-सा महकेगा,
आंसू देने वाला क्यों उन्हें लौटकर पौंछेगा,
आया ग़र तो अनजाने दर्द की वजह बनेगा,
मोड़ ले राहें, न रख लौट आने का खयाल,
दिल की बस्ती में तेरा स्वागत नहीं होगा...

51

बहकी-सी जुस्तजू

अब मेरी बच्ची के इश्क फ़रमाने के दिन है, तब मुझे इश्क़ हो गया,

खुद मुझे खबर न हुई कि कब वो अनजाना जीने का सबब हो गया,

जानती हूँ सौ परदें हैं, हजारों मर्यादाओं का लगा हुआ है यहाँ पहरा,

लगी लगन ऐसी, आलम बदला और दिल है कि उसी पर आ ठहरा,

निकल जाऊं मीरा-सी बनकर जोगन या चाहूं यूँ चुपचाप मन ही मन,

क्या वो जीता जागता ईश्वर है या मिला मुझे कोई संगदिल-सा सनम,

कलाकार हूँ, चाहती कुछ अलहदा, इश्क़ को 'ख़ुदा' बनाने का फलसफ़ा,

इतनी गुलामी के बाद इंकलाब हो, मिले उसका नजरों-करम आहिस्ता,

उसकी जादूगरी चुपके से उतर गई मेरे जेहन में बनकर मदमस्त नशा,

करके छलनी दिल, वो हँसी ख़ुमार बनी कि गुम हो गया ख़ुद मेरा पता,

जलधारा बनकर भटकती हुई मैं अंततः जाकर अपने सागर से मिल गई,

अनजाने से मेरे अस्तिस्त्व को प्रेमासिक्त-सी इक नई परिभाषा मिल गई,

इक अरसे बाद दिल की कली-कली खिली ऐसी कि नाचने का मन हुआ,

उसकी नहीं खबर पर मुझे जिंदगी मिली इस अदा से कि घर बुला लिया,

वैसे तो तमन्नाएँ-इश्क़ में पाने की यूँ आरज़ू नहीं करता कोई भी आशिक़,

होता वो साधारण तो बहकी-सी जुस्तजूं न करता ये मेरा टूटा हुआ दिल,

कासिद मेरी हालत पर तरस खाये, उसे जाकर हाले-दिल तमाम सुना आये,

कासिद मेरी हालत पर तरस खाये, उसे जाकर हाले-दिल तमाम सुना आये...